Sandra Grimm

Die magische Dampflok

Im Land der Dinosaurier

Illustrationen von Ute Simon

Der Umwelt zuliebe ist dieses Buch
auf chlorfrei gebleichtem Papier gedruckt.

ISBN 978-3-7855-6241-3
1. Auflage 2008
© 2008 Loewe Verlag GmbH, Bindlach
Reihenlogo: Peter Pfeiffer
Umschlagillustration: Ute Simon
Umschlaggestaltung: Christian Keller
Innenlayout: Ines Wagner
Printed in Italy (028)

www.loewe-verlag.de

Inhalt

Eine Kindergarten-Schildkröte

Tina, Jesper und Lara sitzen in ihrer Blätterhöhle und spielen Schule. Auf dem Spielplatz des Kindergartens ist viel los: Überall lachen und toben Kinder herum. Aber die Höhle gehört den Großen. Da trauen sich die Kleinen zum Glück nicht herein.

„Was ist das hier?", fragt Tina, die heute die Lehrerin spielt. Sie zeigt auf eine gelbe Blume.

„Ein Löwenzahn", antwortet Jesper.

„Sehr gut", lobt Tina. „Und was ist – huch!"

Wogegen ist sie denn da gerade gestoßen?

„Das ist eine Schildkröte", kichert Lara.

„Wie kommt denn eine Schildkröte in unseren Kindergarten?", überlegt Tina. „Die müssen wir Tanja zeigen!"

Tanja!

8

Tanja ist die Erzieherin
aus der Sonnenblumen-
gruppe. Neugierig schaut sie
in die Höhle herein.

„Tanja, guck mal, eine Schildkröte",
ruft Lara ihr entgegen.

„Ja, was machst du denn hier?", fragt
Tanja die Schildkröte. Vorsichtig streichelt
sie ihr über den harten Panzer.

„Vielleicht ist sie jemandem weggelaufen", meint
Tina und guckt ganz besorgt.

Tanja nickt. „Am besten, ihr bringt sie zu Professor
Zweistein, der wird sich dann um sie kümmern."

Tanja holt einen Bollerwagen und setzt die
Schildkröte vorsichtig hinein. Dann schieben
die Kinder sie zur Wohnung von Professor Zweistein, dem Hausmeister des Kindergartens.

Professor Zweistein ist ein dicker
kleiner Mann mit Bart. Professor heißt er,
weil er einer ist und fast alles weiß. Er hat immer eine
Pfeife im Mund, die er aber nicht anzündet. „Viel zu unge-
sund", meint er.
Jetzt sitzt Professor Zweistein vor seiner Wohnung und hält
die nackten Zehen in die Sonne. Der Professor hat die beste
Wohnung, die es auf der ganzen Welt gibt, finden die Kinder: Er wohnt in einer alten Dampflok mit
schickem Erste-Klasse-Waggon, die auf
der großen Wiese des Kindergartens
steht.

Professor Zweistein reckt den Kopf nach vorn. „Oh, was ist
das denn Schönes? Na, Reptilia, hast du einen kleinen Ausflug
gemacht?"

„Reptilia?" Jesper sieht den Professor fragend an. „Heißt die
Schildkröte so?"

Der Professor wackelt mit der Pfeife auf und ab. „Hmm,
genau. Sie ist mir vor ein paar Tagen zugelaufen. So lange,
bis ich ihren Besitzer gefunden habe, bleibt sie bei mir."

„Aber fühlt sie sich denn wohl hier?", fragt Jesper.

„Schildkröten gibt es schon seit 250 Millionen Jahren auf der Erde", erklärt der Professor. „Die Vorfahren von Reptilia lebten also schon lange vor den ersten Menschen. Sie brauchen nicht viel, um sich wohlzufühlen."

„Schildkröten gibt es schon so lange?" Tina zweifelt, ob der Professor sich da wohl richtig auskennt.

„Glaubst mir wohl nicht, wie?", schmunzelt Professor Zweistein. Seine Pfeife wippt ungeduldig in seinem Mundwinkel auf und ab. „Musst wohl alles selber sehen, wie? Na, denn mal los!"

Jesper reißt die Augen auf. „Wie, los? Wohin denn?"

Aber Professor Zweistein antwortet ihm nicht.

Und haltet euch gut fest!

Alles einsteigen!

Er setzt Reptilia vorsichtig in
eine Kiste. Dann schließt
er die Waggontür und
steigt in die Dampflok.
Er öffnet eine Luke und füllt
staubige schwarze Kohle in den
Kessel. Dann bewegt er einige
Hebel. Es knackt laut, und durch
einen Lautsprecher hören die Kinder
den Professor brüllen: „Abfahrt!“
Lara kichert. „Der Professor spinnt
mal wieder“, flüstert sie.

Dann ist es still.

Plötzlich steigt mit einem lauten PUFF eine dicke graue Wolke aus dem Schornstein der Lok. Immer dichter wird der Rauch und umhüllt den ganzen Zug mit einer grauweißen Nebelwand. Tina, Lara und Jesper können draußen nichts mehr sehen.

Dann zischt es laut. Der Zug beginnt zu wackeln. Die Kinder halten sich fest. Der Waggon knirscht und ächzt. „Was ist das?", fragt Jesper. Im selben Moment ist es wieder still. Der Nebel wird dünner, und die Kinder können ein bisschen mehr sehen. Aber was sehen sie da?

Der Kindergarten ist **Verschwun**den!

„Wo sind wir?", flüstert Jesper. Neugierig öffnet er das Fenster und streckt den Kopf hinaus. Draußen scheint die Sonne auf eine fremde Landschaft. Es wächst kein Gras, aber sonst kann Jesper viele Pflanzen sehen, die ähnlich aussehen wie Bäume und Sträucher, die er von zu Hause kennt. Und es wachsen auch viele bunte Blüten an grünen Büschen. Dazwischen summen Insekten, und einige Vögel huschen durch die Äste. „Seht mal da, eine Schlange", flüstert Tina. „Lasst uns bloß hier im Zug bleiben!"

Dinosaurier überall!

Da öffnet der Professor die Tür des Waggons. „Hallo, Kinder, ist euch der Flug gut bekommen?"

„Wir sind geflogen?", fragt Jesper verwundert.

Lara kichert. „Na ja, der Kindergarten wird ja wohl nicht weggeflogen sein!" Professor Zweistein nickt. „Geflogen ist nicht ganz richtig. Eigentlich sind wir eher gereist. Und zwar durch Zeit und Raum. Was meint ihr, wo wir gelandet sind?"

„Es hat sicher irgendwas mit der Schildkröte zu tun", glaubt Tina.

Der Professor nickt so begeistert, dass ihm beinahe die Pfeife aus dem Mund fällt. „Seht mal hinaus", rät er.

Jesper ist wieder der Erste, der den Kopf aus dem Fenster reckt. „Es ist alles gar nicht so fremd", meint er. „Dahinten kommt ein Tier! Es sieht aus wie ein … wie ein – huch!" Schnell zieht Jesper seinen Kopf zurück und schließt das Fenster. Der Professor lacht.

„Was denn?", fragt Lara und klettert zu Jesper auf den Sitz. Draußen stampft etwas heran. Ein Schatten fällt auf den Waggon. Plötzlich schiebt sich etwas vor das Fenster. Erst sehen sie einen Mund. Und dann erscheint ein riesiges Auge und sieht in den Waggon hinein.

Aaaah!

„Der tut nichts", sagt der Professor.

„Ist das ... ist das ein Dinosaurier?", keucht Tina. Ihr Herz klopft wie verrückt. Professor Zweistein nickt. „Das ist ein Iguanodon. Ein pflanzenfressender Dinosaurier. Der ist nur neugierig."

„Aber ganz schön fürchterlich", findet Jesper.

Das Iguanodon stupst kurz mit der Nase gegen den Waggon. Der ganze Zug wackelt.

Dann dreht der Dinosaurier sich um und stapft davon.

„Also sind wir tatsächlich in der Dinosaurierzeit gelandet?", fragt Jesper erstaunt.

Professor Zweistein nickt. „Die Dinosaurier haben über viele Millionen Jahre auf der Erde gelebt. Damals gab es auch die ersten Schildkröten. Wir sind ans Ende dieser Zeit gereist. Das kann man daran sehen, dass es schon Blumen und viele Insekten gibt, die vorher noch nicht da waren."

„Was denn für Insekten?", fragt Jesper und sieht sich misstrauisch um. Da landet tatsächlich gerade ein bunter Schmetterling auf der Fensterscheibe. Er flattert kurz mit den Flügeln, dann fliegt er wieder davon.

„Schmetterlinge zum Beispiel", lacht der Professor. „Oder auch Bienen. Es gibt in dieser Zeit Bienen, die keine Stacheln haben."

„Das find ich gut", meint Lara. Tina nickt. Endlich mal eine beruhigende Nachricht.

„Kommt, wir steigen aus", sagt der Professor.

„Aussteigen?", ächzt Tina. „Bei den Dinos?"

Aber Lara lacht nur. „Warum nicht? Komm schon!"

Obwohl ihr doch eigentlich ein bisschen mulmig ist bei dem
Gedanken, dass gleich ein Riesendino vor ihr stehen könnte.

Plötzlich hören sie ein Rascheln. „Psst!", macht der Professor.

„Versteckt euch hinter dem Farn!"

Und tatsächlich, da stapfen langsam zwei Tiere an ihnen vorüber.

Sie laufen auf den Hinterbeinen und haben lange Schwänze.

„Die sind ja kleiner als du, Professor", flüstert Jesper.

„Dafür sind sie so **lang wie die Lok**",
wispert der Professor zurück. „Das sind Hypsilophodone.

Sie fressen aber nur Pflanzen, zum Glück!"

„Können wir dann nicht mal zu ihnen gehen?"

Aber Lara wartet gar nicht, bis der Professor
antwortet. Sie klettert aus dem Farn
hervor und tappt hinter den
Dinos her.

Hallo, Dinos, kommt, lasst euch streicheln!

Aber die Hypsilophodone drehen nicht einmal den Kopf, sondern rennen nur erschrocken davon.
Unzufrieden kehrt Lara zu den anderen zurück.
Der Professor nickt. „Das habe ich auch mal versucht. Aber du hattest Glück. Mir sind die Hypsilophodone damals hinterhergerannt. Ich hab mir fast in die Hosen gemacht vor Angst!"
Lara kichert. Der Professor kaut lächelnd an seiner Pfeife.

„Aber die waren ja winzig", mault Lara. „Wo sind denn die echten Dinos? Der Tyrannosaurus Rex, also der aus dem Fernsehen?"

Professor Zweistein zuckt mit den Schultern und kriecht aus dem Farn. Dann geht er langsam den Weg entlang, den die beiden Dinosaurier eingeschlagen haben. Doch auf einmal stockt ihnen der Atem: Nur wenige Schritte vor ihnen steht ein Dinosaurier!

Aber er sieht auch nicht sehr gruselig aus, er guckt sogar eher freundlich!

Er öffnet den Mund als wolle er mit ihnen sprechen.

Hallo, wer seid denn ihr?

Lara, Tina und Jesper trauen ihren Ohren kaum. Hat der Dino gerade etwas gesagt?
„Ähh ...", macht Lara.
„Ich heiße Maja. Ich bin ein Maiasaura. Und ich fresse nur Pflanzen, habt keine Angst. Ihr seid aber – na ja, ich will nicht unhöflich sein – mickrige Dinosaurier ..."
Die Kinder schauen sie verdutzt an.

Jetzt tritt Professor Zweistein einen Schritt vor
und nimmt höflich seine Pfeife aus dem Mund.
„Guten Tag, Maja. Ich bin Professor Zweistein.
Wir sind keine Dinosaurier, sondern Menschen.
Wir kommen von weit her und würden gern dein Land und
dein Leben kennenlernen! Würdest du uns bitte ein bisschen
herumführen?" 
Maja nickt begeistert.
Jesper, Lara und Tina stehen immer noch mit offenem Mund
da. Der Professor dreht sich zu ihnen um und lacht. „Macht
den Mund lieber wieder zu, bevor noch eine Biene reinfliegt!
Ich habe doch gesagt, dass man bei Zeitreisen Dinge erleben
kann, die sonst unmöglich sind!"

Kommt mit!

Rette sich, wer kann!

Maja führt sie durch den Wald, während der Professor ihr erklärt, dass sie ihren Zug brauchen, um schnell genug mitkommen zu können. Die Kinder folgen ihnen zögernd.

Plötzlich bleibt Maja stehen und horcht. „Kommt schnell", sagt sie und läuft in dichtes Gestrüpp. Sie kauert sich zwischen einige Farne. Obwohl sie so groß ist, kann sie sich recht gut verstecken. Der Professor und die Kinder drücken sich eng an den Dinokörper. Da hören sie es auch. Ein dunkles Knurren wird lauter. Schwere Schritte, die bei jedem Auftritt die Erde erzittern lassen, kommen näher.

Grrrr

Und dann sehen sie es: Dort kommt der riesige Tyrannosaurus Rex! Tina bleibt fast das Herz stehen vor Angst. Aufgeregt quetscht sie Laras und Jespers Hand.

„So ein Tyrannosaurus Rex wiegt mindestens sechs Tonnen!", flüstert der Professor. „Das ist so viel wie sechs Autos!"

Der Tyrannosaurus Rex bleibt stehen und hebt den Kopf in ihre Richtung.

„Der hat uns gerochen!" Tina presst die Hand vor den Mund, um einen Schrei zu unterdrücken. „Ich will nicht als Dino-Pausenbrot enden!", wimmert sie leise.

Dann macht der Tyrannosaurus drei große Schritte auf sie zu ...

Doch dann dreht er plötzlich den Kopf zur Seite und läuft in die andere Richtung.

„Puh", seufzt Tina.
„Das war knapp!"
„Na, hoffentlich frisst er unseren Zug nicht", sagt Professor Zweistein.

„Warum nicht? Dann leben wir für immer bei Maja", sagt Lara und sieht Jesper grinsend an.

„Das ist nicht lustig", stöhnt Tina. „Wirklich nicht", findet auch Professor Zweistein und hebt drohend seine Pfeife. „Es gibt hier weder Obst noch das Gemüse, das wir kennen, ganz zu schweigen von Getreide. Wir könnten nur Grünpflanzen essen. Oder möchtest du uns einen Dinosaurier zum Abendbrot fangen?"

26

Jesper rollt mit den Augen, aber Lara lacht sich nur schlapp. Da erreichen sie zum Glück den Zug, der völlig unbeschadet ist. Auch Reptilia schläft immer noch ruhig in ihrer Schildkrötenkiste.

„So, jetzt zeige ich euch alles", sagt Maja. „Seht nur, dahinten kommt der brummige Ankylosaurus! Vielleicht mag er ja heute ein wenig mit uns plaudern?"

He, hallo!

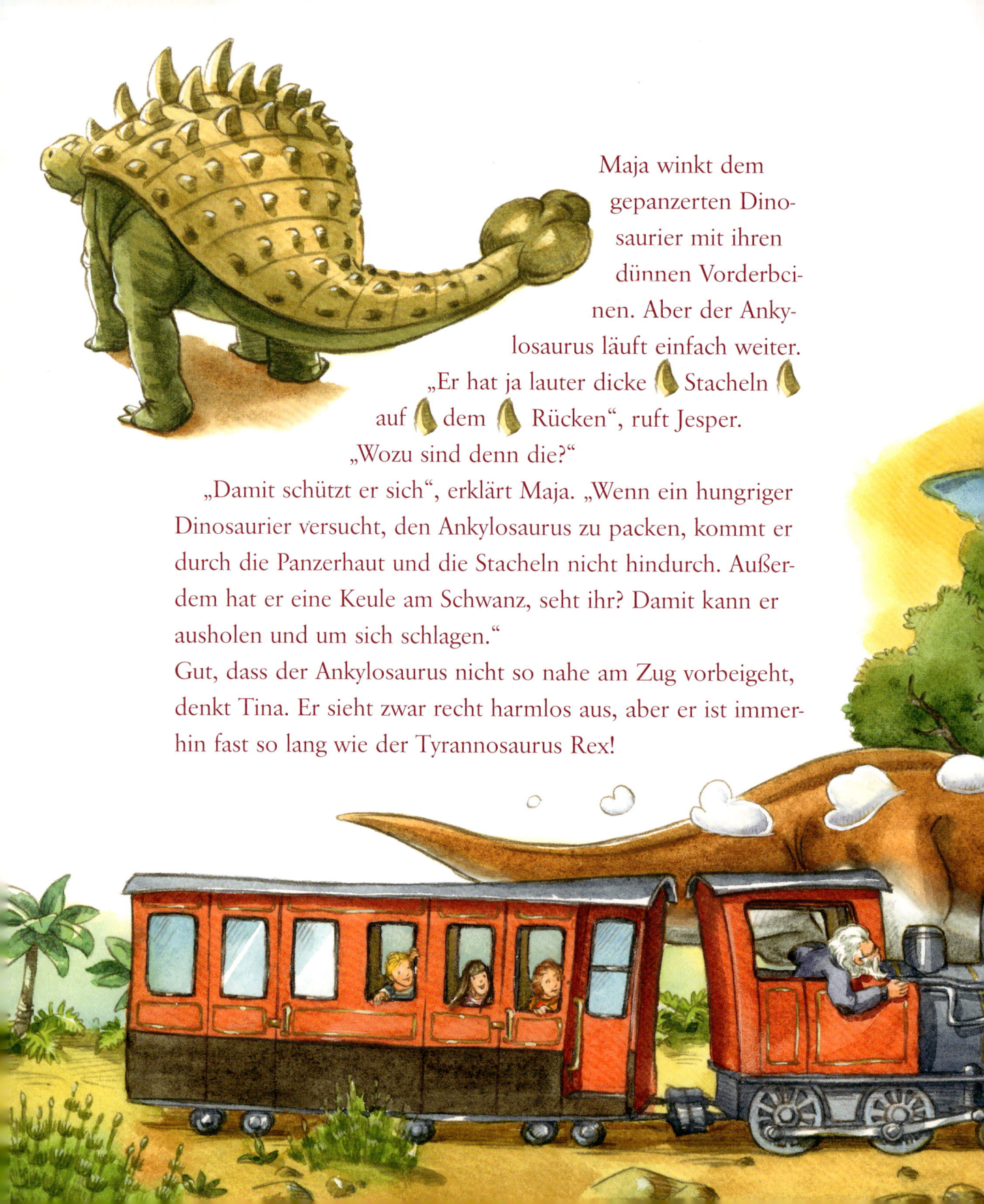

Maja winkt dem gepanzerten Dinosaurier mit ihren dünnen Vorderbeinen. Aber der Ankylosaurus läuft einfach weiter. „Er hat ja lauter dicke Stacheln auf dem Rücken", ruft Jesper. „Wozu sind denn die?"

„Damit schützt er sich", erklärt Maja. „Wenn ein hungriger Dinosaurier versucht, den Ankylosaurus zu packen, kommt er durch die Panzerhaut und die Stacheln nicht hindurch. Außerdem hat er eine Keule am Schwanz, seht ihr? Damit kann er ausholen und um sich schlagen."

Gut, dass der Ankylosaurus nicht so nahe am Zug vorbeigeht, denkt Tina. Er sieht zwar recht harmlos aus, aber er ist immerhin fast so lang wie der Tyrannosaurus Rex!

Maja läuft langsam los. Professor Zweistein
wendet den Zug und fährt ihr hinterher.

Dabei redet Maja die ganze Zeit: „Ich habe
viele Freunde hier. Alle Dinosaurier, die nur
Pflanzen fressen, kenne ich sehr gut. Viele
wohnen auch im Wald oder am Waldrand wie
ich. Im Wald kann man sich besser vor den großen
Fleischfressern schützen. Ich habe ja keine Waffen
wie der Ankylosaurier. Deshalb muss ich mich
verstecken oder weglaufen."

Maja zeigt zum Waldrand hinüber. „Seht ihr
die Dinosaurier dahinten? Viele Dinos bleiben in
einer Herde zusammen, wenn sie auf Nahrungs-
suche herumwandern. So können sie sich
auch gut schützen."

29

„Wieso sind sie dann geschützt?", fragt Tina. „Das verstehe ich nicht."

Maja hebt den Kopf und sieht nach vorn. „Das dahinten ist eine Herde Triceratops. Seht ihr die drei spitzen Hörner an ihrem Kopf? Damit können sie sich auch allein ganz gut verteidigen. Aber wenn sie in der Herde angegriffen werden, stellen sie sich im Kreis auf. Dann kann kein Fleischfresser mehr von hinten angreifen, und sie sind wirklich recht sicher."

Professor Zweistein zeigt noch einmal zur Herde: „Seht mal, dort sind auch ganz kleine Triceratops. Die stehen bei so einem Angriff mitten im Kreis. So kann kein Dino an sie heran. Gut, was?"

Jesper, Tina und Lara nicken beeindruckt.

Sie fahren weiter, und vor ihnen tauchen hinter
einem Waldstück große Berge auf. Am Fuß der
ersten Hügel bleibt Maja plötzlich stehen.
Neben ihnen läuft gerade eine sehr große Schildkröte
und frisst gemütlich einige Blätter.
„Es gab also wirklich schon Schildkröten bei den Dinos?",
fragt Tina verblüfft.
„Vielleicht sollten wir Reptilia hierlassen", überlegt Jesper.
Doch Professor Zweistein schüttelt den Kopf. „Bei
uns in Deutschland leben Schildkröten
nicht in der freien Natur. Sie weiß
gar nicht, wie und wo sie ihr
Futter suchen soll oder wo
sie sich verstecken kann."

In Luft und Wasser

Maja stapft bereits weiter. „Wir müssen noch durch diese Sümpfe, dahinter fangen die Berge an. Seht ihr die riesigen Gebirge dort hinten? Dort oben war ich noch nie. Ich weiß nicht, ob dort auch noch Dinosaurier leben."

Professor Zweistein hat Mühe, den kleinen Zug hinter dem Maiasaura durch die sumpfige Landschaft zu steuern. Zum Glück erreichen sie bald wieder felsigen Boden. Aber nun wird es nur noch schwieriger.

„Schade, dass die Dinos damals nicht schon Straßen hatten", meint Lara.

„Eigentlich hatten sie die schon", murmelt Professor Zweistein, der inzwischen vor Anstrengung hochrot im Gesicht ist.

„Die Dinos hatten Straßen?",
fragt Tina verblüfft.

Der Professor nickt. „Sie sind oft in
großen Herden dieselben Wege entlanggegan-
gen. An Flüssen zum Beispiel. Da entstanden dann
richtige Wanderstrecken. Fast wie eine Auto-
bahn." Jetzt muss Tina grinsen. Der Professor übertreibt. Autobahnen sehen wohl ein
bisschen anders aus!

Während der Professor mit der Lok
kämpft, sehen die Kinder zum Fenster
hinaus. „Warum sehen wir keinen einzigen
Dino mehr, Maja?", fragt Lara.

„Weil in den Bergen nicht so viele Dinosaurier leben",
erklärt Maja. „Wir sind nicht die besten Kletterer."
Maja steigt immer höher. Die kleine Lokomotive
stampft und ächzt. Und als die Kinder glauben, jetzt
kommen sie nicht mehr vorwärts, da sehen sie vor sich
plötzlich einen langen flachen Felsen.
„Pause, endlich", stöhnt Professor Zweistein.

„Wo sind wir?", fragt Lara neugierig.
Maja lächelt. „Am Meer. Schaut euch mal um!"
Und jetzt sehen die Kinder es auch: Der lange Felsen,
auf dem sie stehen, hört vor ihnen einfach auf.
Und darunter kommt eine ganze Weile erst
mal gar nichts ...

... nur ganz weit unten, da
liegt das tiefe blaue Meer.
„Ist das schön!", staunt
Tina. „Was sind denn die
dunklen Flecken dort
oben?", fragt sie Maja.

„Das ist meine Überraschung", lächelt Maja. „Das sind Flugsaurier!"

„Fliegende Dinos?" Jesper bleibt vor Staunen der Mund offen stehen.

„Nicht ganz", antwortet der Professor. „Diese Saurier heißen Pteranodone und sind mit den Dinosauriern verwandt, aber sie gehören nicht zu ihnen. Sie sehen ja auch ganz anders aus." Die Kinder können bald sehen, wie recht der Professor hat: Zwei riesige Schatten stürzen auf sie hinunter. Tina schreit auf und verkriecht sich unter dem Waggonsitz.

„Sind die riesig", stöhnt Jesper. Die Flügel des *Pteranodon* haben den ganzen Zug beschattet.

„Ihre Flügel sind zusammen neun Meter breit", sagt Professor Zweistein. „Sie haben keine Federn, sondern sind aus einer Lederhaut, ähnlich wie bei unseren Fledermäusen."

„Lasst uns besser wieder umdrehen, wir müssen ja noch den ganzen Weg zurück. Der Abstieg ist immer sehr anstrengend!", meint Maja besorgt.

Seufzend beginnt Professor Zweistein damit, den Zug zu wenden. Aber der Felsen ist sehr schmal. Plötzlich fliegt ein neugieriger Pteranodon herab und setzt sich auf den Waggon. Sofort beginnt der Zug zu kippen. Gefährlich schwebt er über dem Abgrund.

Wir stürzen!

Die anderen klammern sich nur an ihre Sitze.
Selbst Professor Zweistein stehen die
Haare zu Berge.
Sie fallen
und fallen
und fallen ...

Aaaaah!

... und fallen ins blaugrüne Meer.
Doch zum Glück sind sie Zeitreisende!
„Der Zug ist ja wasserdicht", staunt Tina. Um sie herum
schimmert das Wasser, aber kein Tropfen dringt in den
Waggon. Auch der Professor winkt ihnen fröhlich aus
der Lok zu. Dann schaufelt er mehr Kohle in den
Kessel, und die Fahrt geht unter Wasser weiter.

„Seht mal, dort!", ruft Lara. Neben ihnen schwimmen
seltsame Fische. Eigentlich sehen sie gar nicht aus wie
Fische. „Ob das auch Dinosaurier sind?"
Plötzlich knackt es, und sie hören Professor Zweisteins Stim-
me wieder durch den Lautsprecher: „Das sind Meeresreptilien.
Der lange hier vorne, der aussieht wie ein Krokodil, der heißt
Tylosaurus. Der kann noch mehr wiegen als der Tyrannosau-
rus Rex! Und was dort hinten aussieht wie ein Delfin, ist ein
Ichthyosaurus. Die kommen eigentlich nicht so nah
ans Ufer, sondern leben im offenen Meer.
Sie fressen gern Tintenfische!"

Majas Familie

Lara, Tina und Jesper staunen. Das ist das Schönste, was sie bisher gesehen haben! Plötzlich erscheint neben ihnen ein **langer** Hals. Er scheint gar nicht zu enden. Doch schließlich geht er in einen dicken Körper mit Flossen und Schwanz über. „Ein Elasmosaurus", hören sie den Professor sagen. „Seht ihr seine langen Zähne?" Die sind wirklich beeindruckend, findet Jesper. Und er ist froh, als er merkt, dass der Waggon auf dem Boden aufsetzt und sie langsam aus dem Wasser fahren. An Land fühlt Jesper sich doch sicherer. Am Ufer steht auch schon Maja und sieht ihnen besorgt entgegen. Als sie merkt, dass ihren Besuchern nichts passiert ist, atmet sie erleichtert auf.

„Zum Abschied zeige ich euch noch etwas ganz Besonderes", sagt Maja. „Kommt mit!" Professor Zweistein lädt Kohle nach und fährt Maja hinterher. Sie scheint es plötzlich eilig zu haben, der kleine Zug kann ihr kaum folgen. Plötzlich bleibt Maja stehen. Der Professor schmunzelt. „Schaut mal, dort",
sagt er nur. Die Kinder sehen, wie Maja zu einer Art Sandburg geht, die fast so hoch ist wie Jesper, Lara und Tina.

Maja sieht in den Sandhügel hinein und winkt den Kindern,
zu ihr zu kommen. Jesper, Lara und Tina steigen auf einen
umgekippten Baumstamm, um etwas sehen zu können.
„Was ist das?", fragt Jesper.
„**Dinoeier**", quiekt Tina begeistert. Maja nickt. „Das sind
meine Jungen. Ich habe gerade entdeckt, dass sich ein Ei
bewegt. Es scheint schon einen kleinen Riss zu haben!"
Alle starren gebannt in das Nest. Und tatsächlich,
da knackt und knirscht es plötzlich. Aus
einem der Eier, die so groß sind wie
Straußeneier, streckt ein kleiner
Mini-Dinosaurier seine Nase
hervor.

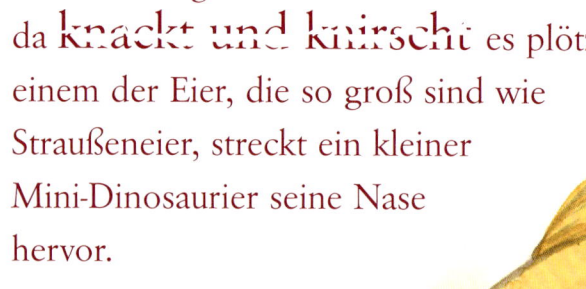

„Wir müssen jetzt wieder zurückfahren", sagt der Professor.
„Maja muss sich um ihre Jungen kümmern. Sie gehört wirklich
einer besonderen Dinosaurierart an. Viele Dinosaurier lassen
ihre Jungen allein, wenn sie geschlüpft sind. Wisst ihr, was
Maiasaurier übersetzt heißt? ‚Gute Mutter Echse'!"
Lara, Jesper und Tina sehen Maja noch zu, als der Professor
schon die Waggontür schließt und in die Lok klettert.
„**Festhalten!**", ruft er. Und dann steigt auch schon
wieder der gräuliche Rauch aus dem Schornstein
empor. Er umhüllt den Zug, und dann rüttelt
und knackt es gewaltig. Nach wenigen
Augenblicken ist es still. Der Nebel
verzieht sich, und Lara entdeckt
wieder ihren Kindergarten.
Alle anderen Kinder sind
noch draußen.

„Wie lange waren wir weg?", fragt sie.

„Keine Sekunde", lächelt Professor Zweistein. „Das ist das Tolle am Zeitreisen!"

Tina streichelt Reptilia und sieht den Professor fragend an. „Wieso gibt es noch Schildkröten, aber viele Dinosaurier nicht mehr?"

Der Professor nimmt die Pfeife aus dem Mund. „Das ist eine traurige Sache. Die Schildkröten haben wohl Glück gehabt. Man vermutet, dass eines Tages ein riesiger Meteorit auf der Erde einschlug. Die Wissenschaftler glauben, dass er die Erde so verändert hat, dass die Dinos nicht mehr überleben konnten. Jedenfalls hat man aus der Zeit danach keine Dinosaurierkno-chen mehr gefunden."

Da kommt Tanja. „Habt ihr die Schildkröte abgegeben?"
Die Kinder nicken. „Und wir haben viel gelernt", sagt Tina
stolz. „Komm, Tanja, wir erzählen dir alles!"
Professor Zweistein schmunzelt. „Na, Reptilia?",
fragt er die Schildkröte. „Ob Tanja unseren For-
schern glauben wird?"
Reptilia zieht schnell den Kopf ein, und
Professor Zweistein muss laut lachen.

Forscherbericht

Nachdem Lara, Tina und Jesper den Kindern im Kindergarten ihr Dino-Abenteuer erzählt haben, organisiert Tanja eine Dino-Woche. Hier siehst du, was die Kinder gebastelt und herausgefunden haben:

Majas Baby schlüpft aus dem Ei.

Janne, 3 Jahre, Sonnenblumengruppe

Reptilia

Lea, 4 Jahre, Fischegruppe

Pteranodon
Flügelspannweite 9 Meter, 17 Kilogramm

Tylosaurus
11 Meter, 7 Tonnen

Maiasaura
9 Meter, 3 Tonnen

Tyrannosaurus Rex
14 Meter, 7 Tonnen

Ankylosaurus
8 Meter, 5 Tonnen

Hypsilophodon
2,3 Meter, 50 Kilogramm

Parasaurolophus

Ichthyosaurus

Ichthyosaurus

Pteranodon

Triceratops

Ichthyosaurus

Pteranodon

Tylosaurus

Hypsilophodon

Brachiosaurus

Tylosaurus

Stegosaurus

Ankylosaurus

Archelon

Tyrannosaurus Rex

Maiasaura

Elasmosaurus

Stegosaurus

Saltasaurus

Herrerasaurus

Antarktis

Ankylosaurus

Tylosaurus